Gestickte Bilderbogen

Irmgard Gierl

GESTICKTE BILDERBOGEN

Alte Mustertücher aus Museen
und Privatbesitz

Süddeutscher Verlag

Umschlagentwurf: Design Team München

Mit 32 Farbbildern sowie 40 Seiten Musterzeichnungen.
Das Umschlagmotiv zeigt ein Stickmustertuch aus Amerika
im American Museum in Britain, Bath.

ISBN 3-7991-6225-9

Printed in Germany · Druck: Wenschow-Franzis GmbH, München
Bindearbeit: Klotz, Augsburg

Inhalt

Einführung

»Gestickte Bilderbogen« – unter diesem Titel sind hier alte Stickmustertücher aus Amerika, England, Holland, Nord- und Süddeutschland gezeigt. Der Titel mag nicht sehr fachmännisch klingen, trifft aber doch einen wesentlichen und vielleicht den reizvollsten Aspekt all dieser Stickarbeiten: Eine Welt von Bildern tut sich auf, oft in Streifen angeordnet, manchmal zu ganzen Szenen komponiert, immer die verschiedensten Motive und Muster zusammenfassend. Früher nannte man sie in Anlehnung an die für alle möglichen Handwerke gesammelten Vorlagen in Büchern »Modeltücher«.

»Modeltuch wird bey der Nähterei von den Frauenzimmern dasjenige Tuch genannt, worin sie Buchstaben, allerley Figuren, Muster und so fort nach denen gar unterschiedenen Arten deren Stiche ... sauber und mit bunter Seiden zu nähen pflegen, die sie sich hernach bey vorkommenden Bedürfnis zu einem Muster dienen lassen, sofern ihnen eine und das andere davon etwa aus dem Gedächtnis entschwunden wäre.« So Zedlers Universallexikon von 1739, in Band 21, Spalte 715.

Diese Mustertücher waren erfüllt von Motiven verschiedenster Herkunft. Sie stellten nicht nur eine Sammlung von Bordüren und Buchstaben dar, sondern waren auch ein Spiegelbild ihrer Zeit. Ein Nachhall der Gotik lebt darin, ebenso wie ein Hauch der Reformationszeit, die die Religion in den Mittelpunkt des Lebens stellte. Erst unter dem Einfluß des Barock änderte sich der Charakter des Mustertuches. Nun gruppierten sich die Einzelmotive um eine Mittelachse, oft ein Medaillon, das Namen oder Monogramm und Jahreszahl enthält. Damit tritt die Arbeit aus der früheren Anonymität und verbindet sich noch enger mit der Zeit ihrer Entstehung. Aber immer noch werden die alten Motive verwendet, die sich über Jahrhunderte verfolgen lassen: Baum und Hirsch, Vogel und Blütensproß, Granatapfel und Pfau. Schon bei den Puniern war der Granatapfel ein Attribut der Götter, als Zeichen der Fruchtbarkeit. Auf den venezianischen Brokaten des 12. und 13. Jahrhunderts waren sie ebenso zu finden wie auf der Importware aus dem fernen Osten und in den Musterbüchern des 16. Jahrhunderts. Mit den Blütensprossen füllten die bäuerlichen Stickerinnen die Ekken der Hochzeitsdecken und Taufkissen. Es waren uralte Segens- und Lebenszeichen, die aus der Welt des mittelalterlichen Menschen erwuchsen, für den sinnbildliche Zeichen verständlicher waren als das gesprochene oder geschriebene Wort.

Im 18. Jahrhundert mehrten sich die gegenständlichen Motive: Häuser, Kirchen, Blütenkörbe, schwebende Engel, dazu immer noch biblische Szenen. Das Mustertuch war nun oft keine Sammlung mehr von Motiven, die für den künftigen Gebrauch festgehalten werden sollten, sondern ein Bild, das entweder als Ganzes wirkte, oder in einzelne Streifen gegliedert war, die eine Fülle von Einzelszenen boten. Es wurde von einer Borte umrandet, die die einzelnen Motive zu einer Einheit zusammenfaßte oder mit einem schönen Seidenband eingesäumt, das wie ein Rahmen wirkte. Der Anlaß zur Verfertigung eines Mustertuches war im 18. Jahrhundert also nicht mehr so sehr das Erlernen des Stickens oder die Ansammlung möglichst vieler Einzelmuster, sondern die Demonstration meisterhaft beherrschter Stickkunst.

Die Wende vom 18. zum 19. Jahrhundert bringt noch eine Besonderheit. Waren bisher religiöse Motive aus dem Alten und Neuen Testament und die entsprechenden Symbole ein Hauptinhalt der Mustertücher, so entstand zur Zeit der Französischen Revolution eine neue Gattung, in der alles Religiöse verschwand. Wie auf den bemalten Bauernkästen die bunten Heiligen von Blumenvasen verdrängt wurden, wie die Ansichten der wundertätigen Wallfahrtsorte den vier Jahreszeiten weichen mußten, so erging es auch den Stickmotiven auf den Mustertüchern. Nun stellte man das Alltägliche dar: die Frau am Butterfaß, einen Hausierer, der mit einer Kraxe voll Trauben über Land geht, begleitet von seinem Hündchen, oder eine vornehme Dame, die von zwei livrierten Lakaien in einer Sänfte getragen wird (vgl. S. 27, 28). Die bunte, schimmernde Seide vermehrt noch den Eindruck des Heiteren und Lebendigen. Das Mustertuch erinnert eher an einen Bilderbogen, der mit seiner Vielzahl von Motiven den Beschauer fesselt. Nun rückt das tägliche Leben in den Vordergrund, jede Einzelheit ist wert, im gestickten

Bild festgehalten zu werden, und die winzigen Stiche ermöglichen es, ganze ländliche Idyllen und kleinbürgerliche Szenen darzustellen. Als wenn die Meierei der Marie Antoinette noch einmal lebendig geworden wäre, so wimmelt es von Hähnen, Pfauen und Eichhörnchen, von Apfelbäumen und Blumengebinden. Und diese Bildchen bleiben nicht auf Europa beschränkt. Die Auswanderer nehmen sie mit, und in Amerika wird die Fertigkeit weiter gepflegt und entwickelt geradezu kleine Kunstwerke. Man beschränkte sich nicht mehr auf den Kreuzstich, der in den alten Zeiten dominierte. Die schimmernden Seidenfäden verlockten zu einer anderen Arbeitsweise, zur Nadelmalerei, die in zierlichen Spannstichen die ineinander übergehenden Farben zur vollen Geltung bringt. Elegante Villen mit Baumgruppen und Blumenbeeten werden nun gestickt, lustwandelnde Herren und Damen in Empirekleidung, Springbrunnen, Tempelchen und Trauerweiden auf leichten Anhöhen. Auch jetzt sind die Mustertücher wieder Spiegelbilder des Zeitgeschmacks, dessen Wunschträume in reizende gestickte Bildchen verwandelt werden (vgl. S. 32, 37, 39). Dementsprechend mußte sich auch das Material wandeln. Nun verwendete man dünne Woll- oder Baumwollstoffe, feinstes Leinen und Seide, zur Erhöhung der Wirkung wurden auch bunte Glasperlen eingearbeitet.

Es ist, als ob in diesen Mustertüchern die letzte Blüte der Handarbeitskunst aufgebrochen wäre. Noch ist das Garn nicht mit Anilin gefärbt, noch sind nicht grobfädige Aidastoffe der billige Untergrund, sondern die zartesten Stoffarten, die man auftreiben konnte.

Seit 1800 wurde dann in Berlin ein neues Verfahren entwickelt. Als Grundstoff verwendete man Stramin (franz. canevas, engl. canvas), der das Abzählen erleichterte, und druckte Vorlagen, die unserem heutigen Millimeterpapier vergleichbar waren (vgl. S. 42). All die Blumenkörbe und -kränze, Vögelchen und Landschaften wurden nun in bunt gefärbter Wolle, die in den schönsten Tonvarianten aus England kam, auf Stramin gestickt. Da die Vorlagen farbig sein sollten, mußten sie koloriert werden. Zwischen 1830 und 1840 sollen über 40000 solcher Vorlagen erschienen sein, die unter dem Namen »Berlin work« in der ganzen Welt vertrieben wurden. Die Bilder auf S. 38–41 geben eine gute Vorstellung von den reizvollen Mustern und der lebhaften Farbigkeit in den ersten Jahrzehnten des 19. Jahrhunderts.

Hinter diesen Zeugnissen weiblichen Fleißes stehen nicht nur der »Zeitgeschmack«, sondern handfeste Handarbeitslehrerinnen, die diese Kunst nicht nur erwachsenen Liebhaberinnen, sondern kleinen Mädchen von acht bis vierzehn Jahren beibrachten. Welche Anstrengung für beide! Aber ebenso wie diese Lehrerinnen zunächst am Aufschwung der Stickkunst teilhatten, ja ihn eigentlich herbeiführten, genau so waren sie die Ursache des Niederganges. Denn Mitte des 19. Jahrhunderts erarbeitete die Berlinerin Rosalie Schallenfeld ein Unterrichtsprogramm, das in vielen Teilen Deutschlands und Österreichs eingeführt wurde. Öde Buchstabenreihen, auf Stramin mit einheitlich türkisch-rotem Garn bestickt, werden nun Vorschrift, und damit ist das Ende der alten verspielten Stickmustertücher gekommen. Bis 1900 gehörten diese nüchternen Arbeiten zum festen Bestandteil des Lehrplans – dann verschwanden auch sie.

Die reizenden Mustertücher der vorigen Jahrhunderte liegen in Museen verstreut, schwer zugänglich, kaum erfaßbar. Noch schwieriger ist es, sie in hier und da existierenden Privatsammlungen aufzutun, und so muß hier doch mit besonderem Stolz vermerkt werden, daß es gelungen ist, einige ganz unbekannte Stücke für dieses Buch zu entdecken. Einen Teil davon zum Leben zurückzurufen, ihre naive Farbenfreude sichtbar zu machen, das alte Lebensgefühl aufzuwecken und wie auf Bilderbögen die früheren Zeiten wieder aufleben zu lassen: das ist der Sinn dieser Sammlung, die nicht nur zum genießerischen Betrachten, sondern zur Nacharbeit einlädt.

Praktische Hinweise

Beim Nacharbeiten ist zu bedenken, daß wir meist nicht imstande sind, winzige Stiche auf feinfädigem Leinen auszuführen. Die Vorlagen in diesem Buch sind auf Karos von 2 mm Größe gezeichnet. Wenn Sie Ihren Stoff so wählen, daß auch hier ein Stich 2 mm groß ist (feines Siebleinen mit 12 Fäden auf 1 cm), stimmen Vorzeichnung und Stickerei miteinander überein. Machen Sie sich Photokopien von den Mustern, die Sie verwenden wollen, und ordnen Sie dieselben auf einem Bogen Papier, der den Maßen Ihres Mustertuches entspricht. Sie können sich dabei nach der alten Vorlage oder nach Ihrer eigenen Phantasie richten. Im Zweifelsfall und wenn der Platz nicht ausreicht, wählen Sie wenige große und mehr kleine Motive, die den Reiz solcher Stickereien ausmachen.

Nicht verzichten sollte man auf den Effekt der Seidenstickerei, die nicht nur typisch für die alten Zeiten, sondern auch besonders wirkungsvoll ist. Man kann aber auch Spaltgarn oder DMC-Garn benützen. Wählen Sie die Farben auf einmal aus, damit sie untereinander gut zusammenpassen. Wenn Sie Reste verwenden wollen, müssen Sie diese zum Einkauf mitnehmen. Statt des harten Schwarz verwenden Sie besser dunkles Braun. Die Farben auf den alten Mustertüchern sind meist verblichen, aber man sieht deutlich, daß es sich von Anfang an um feine Schattierungen handelte. Man verwendete nicht einfach rot, sondern pfirsichfarben, rötlich violett, rostbraun. Auf einem Mustertuch von 1796 aus Salzburg (vgl. S. 27/28) benutzte die Stickerin folgende Farben: Elfenbein für Gesichter und Hände, helles und dunkleres beige, hell- und dunkelgelb, braun, blau, grün, rotbraun, violett. Diese Farbabstufungen können auf der Vorzeichnung nicht zum Ausdruck gebracht werden. Richten Sie sich bei der Auswahl der Farben nach den Abbildungen in diesem Buch. Waschen Sie den Stoff nicht, Sie sticken leichter darauf, wenn er noch Appretur hat. Die Alphabetreihen sind farblich in verschiedener Weise differenziert: Alle Buchstaben in gleicher Farbe, oder: jeder Buchstabe in einer anderen Farbe, oder: jeder vierte dunkelgrün, dazwischen hellbeige, gelb, dunkelbeige, oder: der 1. Buchstabe braun, der zweite hellblau. Die Bordüren sind zwei- bis dreifarbig. Die meisten Farben haben sich gut erhalten, nur das schwarze Garn ist fast überall vergangen. Nur winzige Reste oder die noch sichtbaren Einstichlöcher verraten die einstige Stickerei (vgl. S. 28). Wie sehr die Stickerin oft von Vorzeichnungen abhängig war, verrät das Motiv S. 33 rechts oben. Offensichtlich hat sie mangels einer entsprechenden Vorlage zu einem eigenhändigen Entwurf gegriffen, man sieht noch, wie schwer ihr das fiel. Aber sind es nicht gerade solche kleinen Unregelmäßigkeiten, die den Reiz der Handarbeit ausmachen?

Stickerei aus England mit Tieren und Blumen aus der ersten Hälfte des 17. Jahrhunderts ▷

ABCDEFGHIKLMNOPQRS
TVWXYZ
16 83
MBF
INRI

Stuhlbezug mit Blumenvase, englische Arbeit aus der ersten Hälfte des 18. Jahrhunderts

◁ Stickmustertuch von 1683

Stickmustertuch um 1710/20

Stickmustertuch um 1710/20

Stickmustertuch aus den Vierlanden, 1741

Stickmustertuch aus den Vierlanden, 1741 (Detail)

Stickmustertuch aus Norddeutschland, erste Hälfte des 18. Jahrhunderts (Detail)

Stickmustertuch von 1758

Stickmustertuch aus Altenburg in Sachsen, 1769

Stickmustertuch von Hannah Taylor, 1774, aus Newport in Rhode Island

Stickmustertuch, wohl aus Erfurt, 1777, obere Hälfte

Stickmustertuch, wohl aus Erfurt, 1777, untere Hälfte

Stickmustertuch von 1793

Stickmustertuch aus Salzburg, 1796 (Detail)

Stickmustertuch aus Salzburg, 1796 (Detail)

Stickmustertuch aus Sachsen, 1796 ▷

Stickmustertuch von Jane Ballard, 1799, englische Arbeit

Stickmustertuch von Jane Ballard (Detail)

Stickmustertuch von Anna Sanders, 1801, amerikanische Arbeit

Stickmustertuch aus Holland, 1805

Stickmustertuch von Mary Ann Cook, 1813, englische Arbeit

Stickmustertuch aus Holland, 1819

ANNO
1819

Stickmustertuch von Margaret Moss, 1825, amerikanische Arbeit

◁ Stickmustertuch aus Holland, 1819 (Detail)

Stickmustertuch aus Brünn, 1828

Stickmustertuch von Katharina Bader und Christina Burkert, 1826, süddeutsch

Stickmustertuch aus Brünn, 1828 (Detail)

Stickmustertuch von Marie Brehm, 1833, schlesisch

Stickmustervorlage, gedruckt von der Firma Hertz und Wegener in Berlin

Stickmustertuch aus Holland, 1887

Zwei moderne Sticktücher von Margot Irwin

Stickmustertuch aus Holland, 1887

Zwei moderne Sticktücher von Margot Irwin

Stickmustertuch von 1683 (vgl. S. 14)

◢	blau	Λ	hellbraun	:	grau
/	hellblau	●	rot	\	gelb
▼	grün	○	rosa	◣	dunkelgelb
V	hellgrün	·	beige	–	lila
▲	braun	::	weiß	×	schwarz

◢	blau	Λ	hellbraun	:	grau
/	hellblau	●	rot	\	gelb
▼	grün	O	rosa	◣	dunkelgelb
V	hellgrün	·	beige	–	lila
▲	braun	::	weiß	×	schwarz

Stickmustertuch von 1683 (vgl. S. 14)

Stickmustertuch von 1683 (vgl. S. 14)

◢	blau	Λ	hellbraun	:	grau
/	hellblau	●	rot	\	gelb
▼	grün	O	rosa	◣	dunkelgelb
V	hellgrün	·	beige	-	lila
▲	braun	::	weiß	×	schwarz

◢	blau	∧	hellbraun	:	grau
/	hellblau	●	rot	\	gelb
▼	grün	○	orange	◣	dunkelgelb
V	hellgrün	·	beige	–	lila
▲	braun	::	weiß	×	schwarz

Stickmustertuch von 1758 (vgl. S. 21)

Stickmustertuch von 1758 (vgl. S. 21)

◢	blau	∧	hellbraun	:	grau
/	hellblau	●	rot	\	gelb
▼	grün	○	orange	◣	dunkelgelb
V	hellgrün	·	beige	–	lila
▲	braun	::	weiß	×	schwarz

◢	blau	Λ	hellbraun	:	grau
/	hellblau	●	rot	\	gelb
▼	grün	O	orange	◣	dunkelgelb
V	hellgrün	·	beige	–	lila
▲	braun	::	weiß	×	schwarz

Stickmustertuch von 1758 (vgl. S. 21)

Stickmustertuch von 1758 (unten) und Muster von 1819 (oben; vgl. S. 21 und 35)

◢	blau	∧	hellbraun	:	grau
/	hellblau	●	rot	\	gelb
▼	grün	○	orange	◣	dunkelgelb
V	hellgrün	·	beige	–	lila
▲	braun	::	weiß	×	schwarz

◢	blau	∧	hellbraun	:	grau
/	hellblau	●	rot	\	gelb
▼	grün	○	orange	◣	dunkelgelb
V	hellgrün	·	beige	–	lila
▲	braun	::	weiß	×	schwarz

Stickmustertuch von 1769 (vgl. S. 22)

Stickmustertuch von 1769 (vgl. S. 22)

◢	blau	∧	hellbraun	:	grau
/	hellblau	●	rot	\	gelb
▼	grün	○	orange	◣	dunkelgelb
V	hellgrün	·	beige	–	lila
▲	braun	::	weiß	×	schwarz

◢ blau	∧ hellbraun	: grau
/ hellblau	● rot	\ gelb
▼ grün	○ orange	◣ dunkelgelb
V hellgrün	· beige	– lila
▲ braun	:: weiß	× schwarz

Stickmustertuch von 1769 (vgl. S. 22)

Stickmustertuch von 1769 (vgl. S. 22)

◢	blau	∧	hellbraun	:	grau
/	hellblau	●	rot	\	gelb
▼	grün	○	orange	◣	dunkelgelb
V	hellgrün	·	beige	–	lila
▲	braun	::	weiß	×	schwarz

◢ blau
/ hellblau
▼ grün
V hellgrün
▲ braun
Λ hellbraun
● rot
○ rosa
· beige
:: weiß
: grau
\ gelb
◣ dunkelgelb
– lila
× schwarz

Stickmustertuch von 1793 und 1887 (vgl. S. 26 und 43)

Stickmustertuch von 1769 (vgl. S. 22)

◢	blau	Λ	hellbraun	:	grau
/	hellblau	●	rot	\	gelb
▼	grün	○	orange	◣	dunkelgelb
V	hellgrün	·	beige	–	lila
▲	braun	::	weiß	×	schwarz

◢	blau
/	hellblau
▼	grün
V	hellgrün
▲	braun
Λ	hellbraun
●	rot
○	rosa
·	beige
::	weiß
:	grau
\	gelb
◣	dunkelgelb
–	lila
×	schwarz

Stickmustertuch von 1793 und 1887 (vgl. S. 26 und 43)

- ◢ blau
- / hellblau
- ▼ grün
- V hellgrün
- ▲ braun
- Λ hellbraun
- ● rot
- O orange
- · beige
- :: weiß
- : grau
- \ gelb
- ◣ dunkelgelb
- – lila
- × schwarz

Stickmustertuch
von 1793
(vgl. S. 26)

◢	blau
/	hellblau
▼	grün
V	hellgrün
▲	braun
Λ	hellbraun
●	rot
○	rosa
·	beige
::	weiß
:	grau
\	gelb
◣	dunkelgelb
–	lila
×	schwarz

Stickmustertuch von 1793 (vgl. S. 26)

- ◢ blau
- / hellblau
- ▼ grün
- V hellgrün
- ▲ braun
- Λ hellbraun
- ● rot
- O rosa
- · beige
- :: weiß
- : grau
- \ gelb
- ◣ dunkelgelb
- – lila
- × schwarz

Stickmustertuch
von 1793
(vgl. S. 26)

- ◢ blau
- / hellblau
- ▼ grün
- V hellgrün
- ▲ braun
- Λ hellbraun
- ● rot
- O rosa
- · beige
- :: weiß
- : grau
- \ gelb
- ◣ dunkelgelb
- – lila
- × schwarz

Stickmustertuch
von 1793
(vgl. S. 26)

◢ blau
/ hellblau
▼ grün
V hellgrün
▲ braun
Λ hellbraun
● rot
○ rosa
· beige
:: weiß
: grau
\ gelb
◣ dunkelgelb
– lila
× schwarz

Stickmustertuch von 1793 (vgl. S. 26)

◢ blau
/ hellblau
▼ grün
V hellgrün
▲ braun
Λ hellbraun
● rot
○ rosa
· beige
:: weiß
: grau
\ gelb
◣ dunkelgelb
– lila
× schwarz

Stickmustertuch
von 1793
(vgl. S. 26)

Stickmustertuch von 1796 (vgl. S. 27)

◢	blau	Λ	hellbraun	:	grau
/	hellblau	●	rot	\	gelb
▼	grün	○	fleischfarben	◣	dunkelgelb
V	hellgrün	·	beige	–	lila
▲	braun	::	weiß	×	schwarz

◢	blau	Λ	hellbraun	:	grau
/	hellblau	●	rot	\	gelb
▼	grün	○	orange	◣	dunkelgelb
V	hellgrün	·	elfenbein	–	lila
▲	braun	::	weiß	×	schwarz

Stickmustertuch von 1796 (vgl. S. 27)

Stickmustertuch von 1796

◢	blau	∧	hellbraun	:	grau
/	hellblau	●	rot	\	gelb
▼	grün	○	orange	◣	dunkelgelb
V	hellgrün	·	beige	–	lila
▲	braun	::	weiß	×	schwarz

◢	blau	Λ	hellbraun	:	grau
/	hellblau	●	rot	\	gelb
▼	grün	○	rötlich	◣	dunkelgelb
V	hellgrün	·	beige	–	lila
▲	braun	::	weiß	×	schwarz

Stickmustertuch von 1796

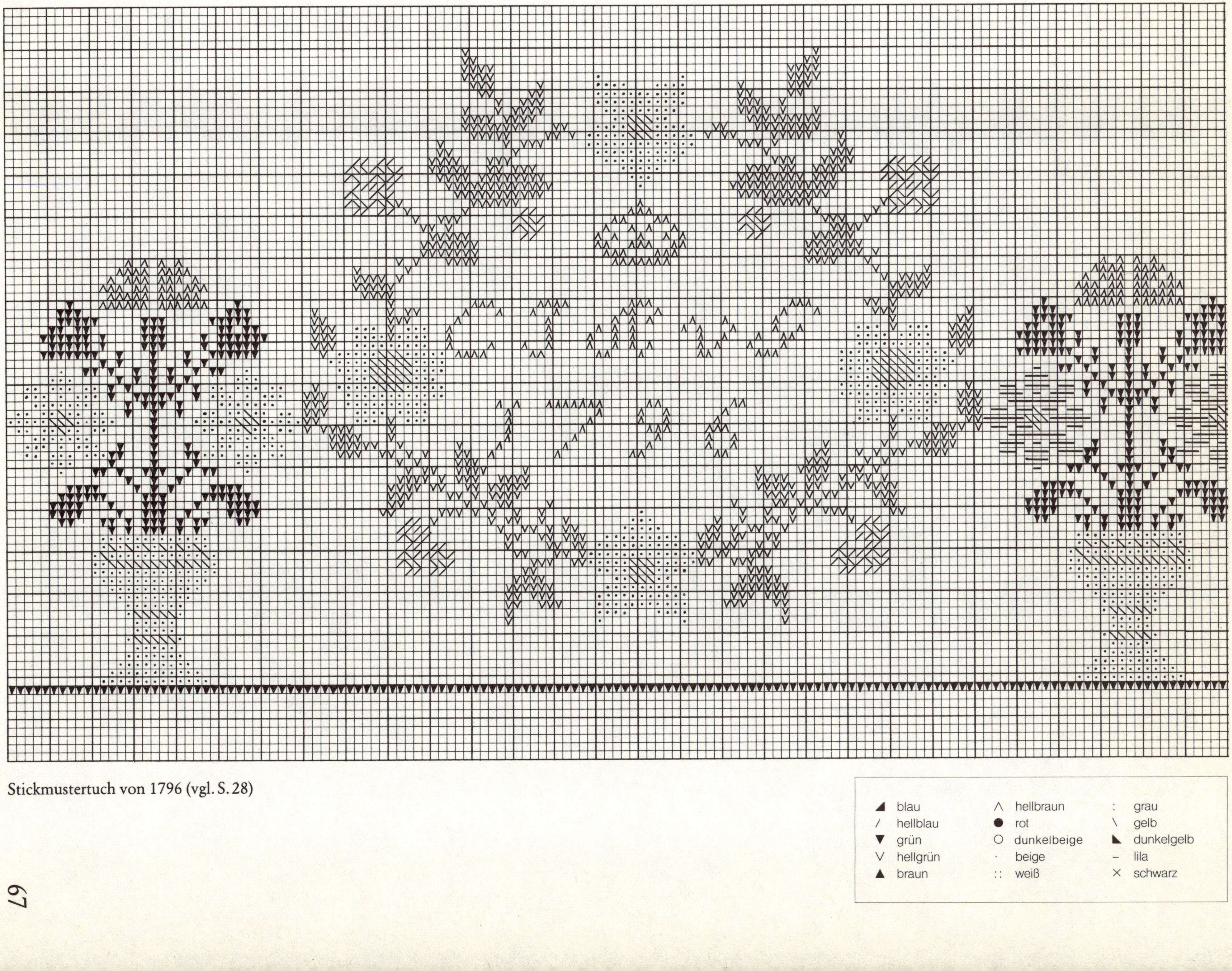

Stickmustertuch von 1796 (vgl. S. 28)

◢	blau	Λ	hellbraun	:	grau
/	hellblau	●	rot	\	gelb
▼	grün	O	dunkelbeige	◣	dunkelgelb
V	hellgrün	·	beige	–	lila
▲	braun	::	weiß	×	schwarz

◢ blau	Λ hellbraun	: grau
/ hellblau	● rot	\ gelb
▼ grün	○ rosa	◣ dunkelgelb
V hellgrün	· elfenbein	– lila
▲ braun	:: weiß	× schwarz

Stickmustertuch von 1796 (vgl. S. 28)

◢	blau
/	hellblau
▼	grün
V	hellgrün
▲	braun
Λ	hellbraun
●	rot
O	orange
·	beige
::	weiß
:	grau
\	gelb
◣	dunkelgelb
–	lila
×	schwarz

Stickmustertuch von 1796 (vgl. S. 29)

- ◢ blau
- / hellblau
- ▼ grün
- V hellgrün
- ▲ braun
- Λ hellbraun
- ● rot
- ○ rosa
- · beige
- :: weiß
- : grau
- \ gelb
- ◣ dunkelgelb
- – lila
- × schwarz

Stickmustertuch
von 1796
(vgl. S. 29)

- ◢ blau
- / hellblau
- ▼ grün
- V hellgrün
- ▲ braun
- Λ hellbraun
- ● rot
- ○ orange
- · beige
- :: weiß
- : grau
- \ gelb
- ◣ dunkelgelb
- – lila
- × schwarz

Stickmustertuch von 1796 (vgl. S. 29)

◢	blau	∧	hellbraun	:	grau
/	hellblau	●	rot	\	gelb
▼	grün	○	orange	◣	dunkelgelb
V	hellgrün	·	beige	–	lila
▲	braun	::	weiß	×	schwarz

Stickmustertuch von 1796 (vgl. S. 29)

Stickmustertuch von 1796 (vgl. S. 29)

◢ blau	Λ hellbraun	: grau
/ hellblau	● rot	\ gelb
▼ grün	○ hellrosa	◣ dunkelgelb
V hellgrün	· beige	– lila
▲ braun	:: weiß	× schwarz

◢ blau
/ hellblau
▼ grün
V hellgrün
▲ braun
Λ hellbraun
● rot
○ orange
· beige
:: weiß
: grau
\ gelb
◣ dunkelgelb
– lila
× schwarz

Stickmustertuch
von 1805
(vgl. S. 33)

◢	blau
/	hellblau
▼	grün
V	hellgrün
▲	braun
Λ	hellbraun
●	rot
○	orange
·	beige
::	weiß
:	grau
\	gelb
◣	dunkelgelb
–	lila
×	schwarz

Stickmustertuch
von 1805
(vgl. S. 33)

◢	blau	Λ	hellbraun	:	grau
/	hellblau	●	rot	\	gelb
▼	grün	O	orange	◣	dunkelgelb
V	hellgrün	·	beige	–	lila
▲	braun	::	weiß	×	schwarz

Stickmustertuch von 1805 (vgl. S. 33)

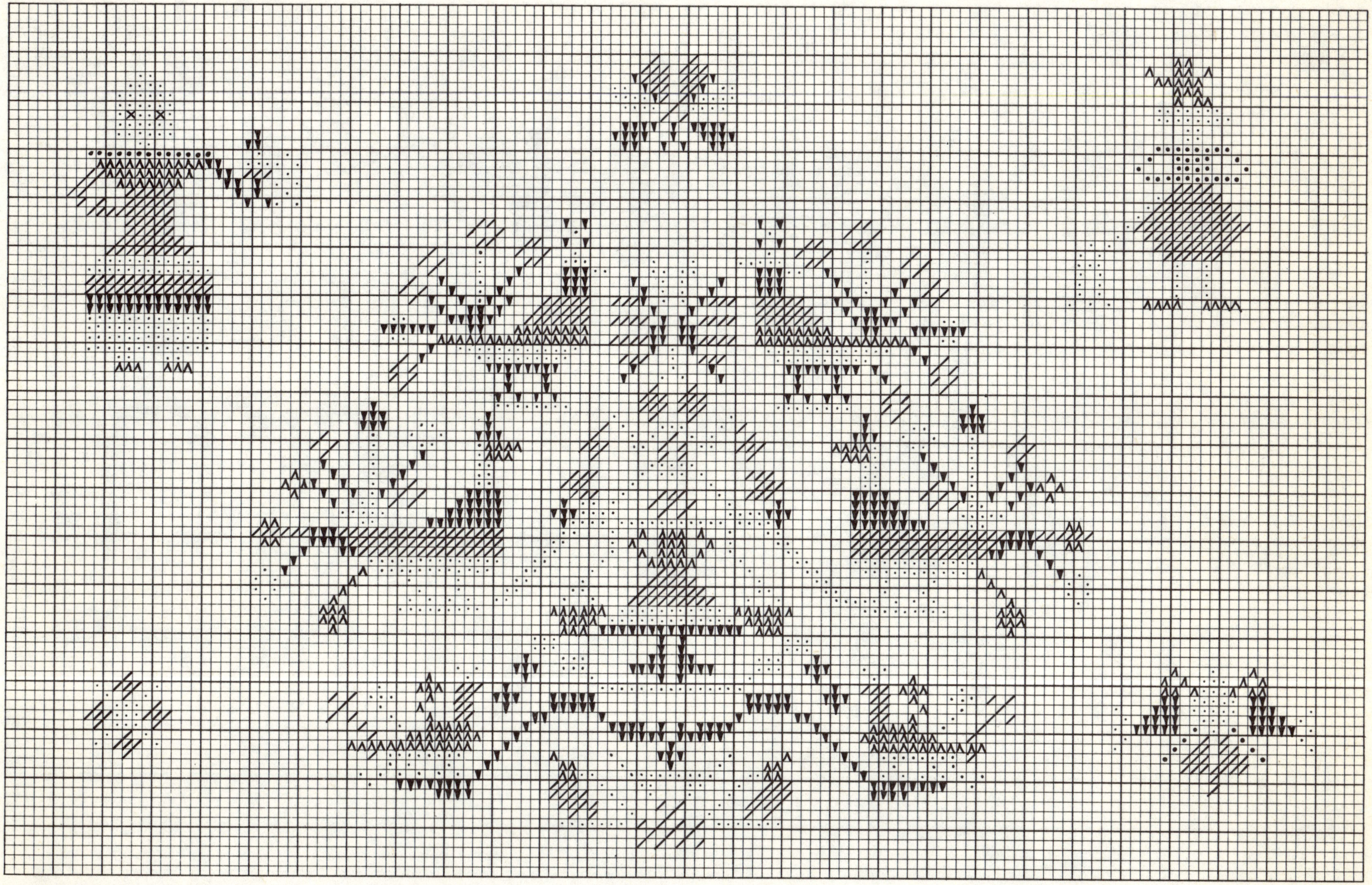

Stickmustertuch von 1805 (vgl. S. 33)

◢ blau	∧ hellbraun	: grau
/ hellblau	● rot	\ gelb
▼ grün	○ orange	◣ dunkelgelb
V hellgrün	· beige	– lila
▲ braun	:: weiß	× schwarz

Stickmustertuch von 1805 (vgl. S. 33)

◢	blau	Λ	hellbraun	:	grau
/	hellblau	●	rot	\	gelb
▼	grün	O	orange	◣	dunkelgelb
V	hellgrün	·	beige	–	lila
▲	braun	::	weiß	×	schwarz

◢	blau
/	hellblau
▼	grün
V	hellgrün
▲	braun
Λ	hellbraun
●	rot
○	orange
·	beige
::	weiß
:	grau
\	gelb
◣	dunkelgelb
–	lila
×	schwarz

Stickmustertuch
von 1819
(vgl. S. 35)

◢	blau
/	hellblau
▼	grün
V	hellgrün
▲	braun
Λ	hellbraun
●	rot
O	orange
·	beige
::	weiß
:	grau
\	gelb
◣	dunkelgelb
–	lila
×	schwarz

Stickmustertuch von 1819 (vgl. S. 35)

◢ blau
/ hellblau
▼ grün
V hellgrün
▲ braun
Λ hellbraun
● rot
○ orange
· beige
:: weiß
: grau
\ gelb
◣ dunkelgelb
– lila
× schwarz

Stickmustertuch
von 1819
(vgl. S. 35)

- ◢ blau
- / hellblau
- ▼ grün
- V hellgrün
- ▲ braun
- Λ hellbraun
- ● rot
- O orange
- · beige
- :: weiß
- : grau
- \ gelb
- ◣ dunkelgelb
- – lila
- × schwarz

Muster von S. 44 (oben) und Muster von 1819 (unten; vgl. S. 35)

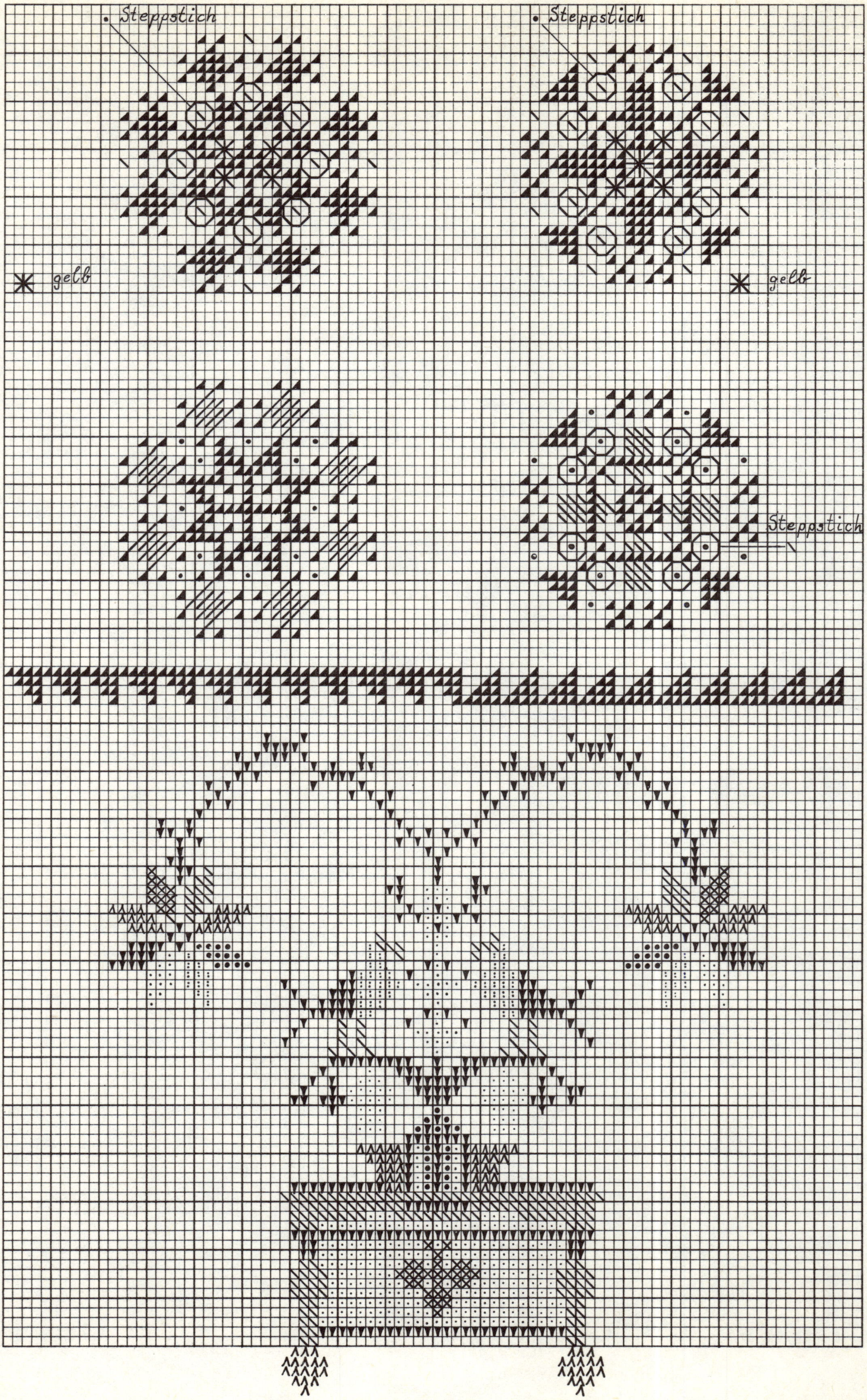

◢ blau
/ hellblau
▼ grün
V hellgrün
▲ braun
Λ hellbraun
● rot
○ orange
· beige
:: weiß
: grau
\ gelb
◣ dunkelgelb
– lila
× schwarz

Stickmustertuch von S. 44 (unten) und Muster von 1819 (oben; vgl. S. 35)

◢ blau
/ hellblau
▼ grün
V hellgrün
▲ braun
Λ hellbraun
● rot
○ orange
· fleischfarben
:: weiß
: grau
\ gelb
◣ dunkelgelb
– lila
× schwarz

Adam und Eva
von S. 44,
Alphabet von S. 22

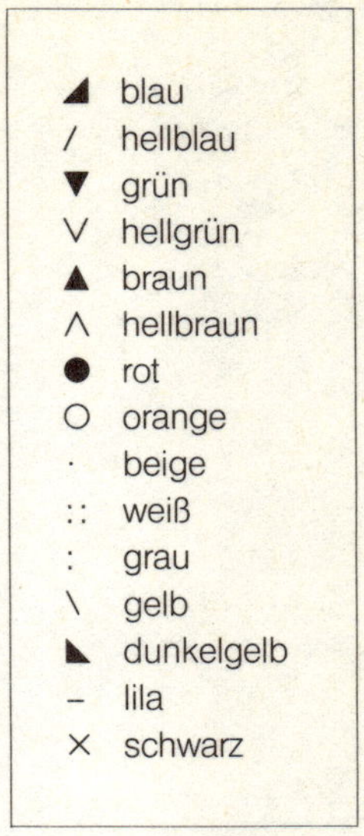

Stickmustertuch von S. 44 (unten) und Muster von 1819 (oben; vgl. S. 35)

◢ blau
/ hellblau
▼ grün
V hellgrün
▲ braun
Λ hellbraun
● rot
○ orange
· fleischfarben
:: weiß
: grau
\ gelb
◣ dunkelgelb
– lila
× schwarz

Adam und Eva
von S. 44,
Alphabet von S. 22

Bildnachweis

S. 13 *Stickerei aus England* mit Tieren und Blumen, 1. Hälfte 17. Jahrhundert. London, Victoria and Albert Museum, Nr. T 234–1928, Department of Textiles and Dress. Crown Copyright.

S. 14 Stickmustertuch von 1683 aus *Nürnberg.* Nürnberg, Germanisches Nationalmuseum, Nr. Gew. 4056.

S. 15 *Stuhlbezug* mit Blumenvase, *englisch,* 1. Hälfte 18. Jahrhundert. London, Victoria and Albert Museum, Nr. T 42–1937, Department of Textiles and Dress. Crown Copyright. Foto P. Barnard.

S. 16 Stickmustertuch um 1710/20 aus *Nürnberg.* Nürnberg, Germanisches Nationalmuseum, Nr. Gew. 2677a. Nur kleine Teile sind im Kreuzstich gearbeitet, der größte Teil in Nadelmalerei.

S. 17 Siehe oben, Detail mit Blumenvase und Obstkorb. Die Vase mit Blumen in Kreuzstich.

S. 18 Stickmustertuch aus den *Vierlanden,* 1741. Berlin, Staatl. Museen Preußischer Kulturbesitz, Museum für Deutsche Volkskunde, Nr. 18 B 488.

S. 19 Siehe oben, Detail mit Adam und Eva.

S. 20 Stickmustertuch aus *Norddeutschland,* 1. Hälfte 18. Jahrhundert. München, Bayerisches Nationalmuseum, Nr. 29/315 (Detail).

S. 21 Stickmustertuch von 1758 aus *Nürnberg.* Nürnberg, Germanisches Nationalmuseum, Nr. Gew. 3697. Mit Brokat und Seidenband eingefaßt.

S. 22 Stickmustertuch aus *Altenburg/Sachsen,* 1769. Berlin, Staatl. Museen Preußischer Kulturbesitz, Museum für Deutsche Volkskunde, Nr. 18 B 162.

S. 23 Stickmustertuch von Hannah Taylor, 1774, aus *Newport,* Rhode Island. The American Museum in Britain, Claverton Manor, Bath, Nr. DB/9633/67/B. Reproduced by permission of the American Museum in Britain, Bath. Mischung aus Nadelmalerei und Kreuzstich. Die Stickerin war 1774 neun Jahre alt.

S. 24 Stickmustertuch von 1777, erworben in *Erfurt/Thüringen.* Obere Hälfte. Berlin, Museum für Volkskunde, Staatl. Museen zu Berlin/Hauptstadt der DDR, Inv. MVK 38/76. Foto Christa Begall.

S. 25 Siehe oben, untere Hälfte.

S. 26 Stickmustertuch von 1793 aus *Nürnberg.* Nürnberg, Germanisches Nationalmuseum, Nr. Gew. 2683 a.

S. 27 Stickmustertuch aus *Salzburg,* 1796, Detail mit liegendem Hirsch. Privatbesitz. Foto Sowieja.

S. 28 Siehe oben, Detail mit Sänftenträgern. Foto Sowieja.

S. 29 Stickmustertuch aus *Sachsen,* 1796. Privatbesitz. Foto Sowieja.

S. 30 Stickmustertuch von Jane Ballard, 1799, *britischer Herkunft.* Worcester Art Museum, Acc. No. 1963, 19, Gift of Mrs. J. Templeman Coolidge. Die Stickerin war zehn Jahre alt, als sie dieses Stück fertigstellte.

S. 31 Siehe oben, Detail mit Schäferin.

S. 32 Stickmustertuch von Anna Sanders, 1801, *amerikanische Arbeit.* Worcester Art Museum, Acc. No. 1963. 4, Gift of Mrs. J. Templeman Coolidge. Die Stickerin war zehn Jahre alt.

S. 33 Stickmustertuch aus *Holland,* 1805. Einige Motive gehen auf Muster aus Lyon zurück, die wohl von einer französischen Hugenottin mitgebracht waren. Oben der niederländische Löwe im Garten. Privatbesitz. Foto John Ruis.

S. 34 Stickmustertuch von Mary Ann Cook, 1813, *englisch.* London, Victoria and Albert Museum, Nr. T 100-1939, Department of Textiles and Dress. Crown Copyright. Foto P. Barnard.

S. 35 Stickmustertuch aus *Holland,* 1819, mit dem Wappen von Amsterdam. Privatbesitz. Foto John Ruis.

S. 36 Siehe oben, Detail mit Bäumchen und Rosenvase. Foto John Ruis.

S. 37 Stickmustertuch von Margaret Moss, 1825, *amerikanische Arbeit.* New York, Courtesy of Cooper-Hewitt Museum, The Smithsonian Institution's National Museum of Design, Bequest of Rosalie Coe, 1974-42-8. Die Stickerin war elf Jahre alt, als sie zusammen mit ihrer 60jährigen Großmutter dieses Stück fertigstellte. Oben der amerikanische Adler mit einem Spruchband.

S. 38 Stickmustertuch von Katharina Bader und Christina Burkert, 1826, *süddeutsche Arbeit.* München, Bayerisches Nationalmuseum, Nr. 49/42. Mit dem bayerischen Wappen, mit Moiréband eingefaßt.

S. 39 Stickmustertuch aus *Brünn,* 1828. Berlin, Staatl. Museen Preußischer Kulturbesitz, Museum für Deutsche Volkskunde, Nr. 18 B 198.

S. 40 Siehe oben, Detail mit Blumenkranz, Trauerweide und Tempelchen.

S. 41 Stickmustertuch von Marie Brehm, aus *Schlesien,* 1833. Berlin, Museum für Volkskunde, Staatl. Museen zu Berlin/Hauptstadt der DDR, Inv. MVK 1861 N. Foto Christa Begall. Besonders hübsch und typisch für die Biedermeierzeit ist das Blumenalphabet oben.

S. 42 Stickmustervorlage von der Firma Hertz und Wegener, *Berlin,* für Wollstickereien auf Stramin. Berlin, Staatl. Museen Preußischer Kulturbesitz, Museum für Deutsche Volkskunde, Nr. 33 W 132.

S. 43 Stickmustertuch aus *Holland,* 1887. Privatbesitz. Wir sehen hier in diesem aus dem späten 19. Jahrhundert stammenden Tuch noch immer Biedermeier-Motive, wie sie durch die Vorlagen aus Berlin verbreitet waren, verwendet. Die Stickereien in den Ecken sind Kunststopfarbeiten. Foto John Ruis.

S. 44 Zwei moderne Versionen eines Sticktuches aus Amerika, von Margot Irwin, Pennsylvania. Privatbesitz. Foto Rink.